AF555501

ORDONNANCE DU ROI,

Concernant son régiment d'Infanterie.

Du 12 Janvier 1763.

DE PAR LE ROI.

SA MAJESTÉ ayant réglé par son ordonnance du 10 décembre 1762, la composition des régimens de son Infanterie françoise, avec les réductions qu'Elle entend qui y soient faites: Et s'étant réservé d'y faire quelques exceptions en ce qui regarde son régiment d'Infanterie, ainsi qu'il s'est pratiqué dans les précédentes réformes, Elle a ordonné & ordonne ce qui suit:

ARTICLE PREMIER.

IL sera composé, comme le reste de l'Infanterie, de neuf compagnies par bataillon, dont une de Grenadiers & huit de Fusiliers.

II.

VEUT Sa Majesté qu'il soit établi dans chaque compagnie un Fourrier, dont les fonctions seront réglées ci-après.

III.

VEUT aussi Sa Majesté que le grade d'Anspessade soit supprimé dans toutes les compagnies, & qu'il soit créé, pour en tenir lieu, des places d'Appointés, dont les fonctions seront aussi réglées ci-après.

IV.

CHACUNE des compagnies de Grenadiers sera, soit en temps de paix, soit en temps de guerre, commandée par un Capitaine, un Lieutenant & un Sous-lieutenant; & composée de deux Sergens, d'un Fourrier, de quatre Caporaux choisis, de quatre Appointés, de quarante Grenadiers & d'un Tambour.

Les mêmes divisions portées par l'article XII de l'ordonnance générale pour l'Infanterie, seront exactement observées; il en sera de même pour l'article XIII de ladite ordonnance.

V.

CHACUNE des compagnies de Fusiliers sera, en tout temps, commandée par un Capitaine, un Lieutenant & un Sous-lieutenant, comme dans le reste de l'Infanterie, & avec les mêmes appointemens. Il y aura de plus par compagnie, un Lieutenant en second & un second Sous-lieutenant, sans appointemens, auxquels il sera seulement donné le logement à la garnison, & l'étape en route. Sa Majesté connoissant le desir qu'a la Noblesse de son royaume d'entrer dans son régiment d'Infanterie, & voulant lui en donner la facilité, confirme à cet égard les ordonnances qu'Elle a rendues pour le même objet, en date du 20 février 1749 & du 8 novembre 1750.

VI.

LESDITES compagnies, en temps de paix, seront également

composées, comme le reste de l'Infanterie, de quatre Sergens, d'un Fourrier, de huit Caporaux choisis, de huit Appointés, de quarante Fusiliers & de deux Tambours, avec les mêmes divisions par escouades, qui sont portées par l'article XIV de l'ordonnance générale, & en temps de guerre l'article XV sera également observé.

VII.

SA MAJESTÉ conserve le second Major qu'Elle a créé par son ordonnance du 1.er juillet 1758; & son intention est qu'il ne fasse de service que dans le régiment, & dans la brigade en temps de guerre: Elle crée de plus un second Lieutenant-colonel, lequel aura une compagnie comme le Colonel-lieutenant & le Lieutenant-colonel; & Elle supprime quant-à-présent, comme dans les autres régimens de son Infanterie, les Commandans de bataillon, conformément à l'article XVI de son ordonnance générale: Conservant seulement le sieur de Casaux, qui l'est actuellement, mais pour n'être pas remplacé, en cas qu'il monte en grade, quitte ou meure; & comme il est plus ancien Colonel que le Major actuel, l'intention de Sa Majesté est qu'il commande son régiment, de préférence à lui, sans que cela puisse tirer à conséquence pour les autres Commandans de bataillon que Sa Majesté jugera à propos de créer à la première guerre, confirmant à cet égard ce qui est porté par l'article XXV de son ordonnance générale pour l'Infanterie.

VIII.

SA MAJESTÉ ayant créé par son ordonnance du 20 juillet 1753, quatre Sous-aides-major dans son régiment, Elle les conserve, mais ils ne seront plus attachés à des Lieutenances, comme ils l'étoient par ladite ordonnance, & Elle confirme à cet égard l'article XVII de l'ordonnance générale;

G 2

ils feront pris indifféremment dans les Lieutenans, Sous-lieutenans, Lieutenans en fecond & fecond Sous-lieutenans, & auront, du jour qu'ils le feront, rang de Lieutenans.

I X.

L'INTENTION de Sa Majefté étant que le Major ne foit pas diftrait des fonctions principales de fa charge, qui confiftent dans la police, la difcipline, la tenue & les exercices, Elle a réglé qu'il feroit établi dans fon régiment, comme dans le refte de l'Infanterie, un Tréforier, pour être particulièrement chargé de l'adminiftration des deniers ; il fera choifi par le Colonel-lieutenant, & breveté comme dans le refte de l'Infanterie.

X.

VEUT pareillement Sa Majefté qu'il foit créé dans fon régiment, un Quartier-maître, dont le grade & les fonctions feront réglées fuivant l'article XXX de l'ordonnance générale pour l'Infanterie.

X I.

IL fera auffi créé dans fon régiment un Tambour-major, dont le grade & les fonctions feront réglées fuivant les articles XX & XXXVI de l'ordonnance générale.

X I I.

SA MAJESTÉ en fupprimant, comme dans le refte de fon Infanterie, les Enfeignes qui exiftent par bataillon, conferve feulement celui de la Colonelle, & Elle crée également deux Portes-drapeaux par bataillon, lefquels feront toûjours tirés du corps des Sergens, auront rang de dernier Sous-lieutenant, & feront dans tous les temps tenus de porter les drapeaux à pied.

X I I I.

LA place de Maréchal-des-logis, le Prevôt, fon Lieutenant, le Greffier, les Archers & l'Exécuteur seront supprimés & renvoyés.

XIV.

Au moyen de ce qui est prescrit par les articles VII, VIII, IX, X, XI, XII & XIII de la présente ordonnance, l'État-major du régiment sera composé d'un Colonel-lieutenant, d'un Lieutenant-colonel, d'un second Lieutenant-colonel, du sieur de Casaux, ainsi qu'il est porté par l'article VII; d'un Major, d'un second Major, d'un Aide-major & d'un Sous-aide-major par bataillon, d'un Quartier-maître, d'un Trésorier, d'un Tambour-major, d'un Aumônier & d'un Chirurgien.

XV.

Sa Majesté se réserve la nomination des Lieutenans-colonels & des Majors; son intention étant à l'avenir de les choisir indistinctement parmi ceux des Capitaines de son régiment, ou de tous les autres régimens, qu'Elle jugera devoir mériter cet avancement: se réservant aussi Sa Majesté de choisir parmi les Capitaines de son régiment ceux qu'Elle jugera à propos de faire passer à des charges de Lieutenant-colonel ou de Major, dans d'autres régimens de l'Infanterie françoise.

XVI.

Veut aussi Sa Majesté que le rang & l'autorité des Majors, leurs fonctions, celles des Aides-major & Sous-aides-major de son régiment, soient conformes à ce qui est porté par les articles XXV, XXVI, XXVII & XXVIII de son ordonnance concernant l'Infanterie françoise.

XVII.

Tout l'argent de la solde & de la Masse, ou de toute

autre partie qui appartiendra au régiment, fera remis tous les mois au Tréforier, pour être renfermé dans une caiffe dont il aura la régie, fubordonnément aux Majors, & fous les ordres du Colonel-lieutenant.

Veut au furplus Sa Majefté qu'il foit ufé, pour l'établiffement de cette Caiffe, de la même manière qu'Elle l'a réglé par les articles XXXIII & XXXIV de fon ordonnance générale concernant l'Infanterie françoife.

XVIII.

Il y aura toûjours dans la caiffe du régiment, un état des fonds qui y feront mis, & un état de ceux qui en feront tirés, avec les caufes de recette & de dépenfe; & ces états feront fignés du Commandant du corps, du Major & du Tréforier; il en fera remis un double au Major, & il en fera envoyé un tous les mois au Colonel-lieutenant, lequel en rendra compte à Sa Majefté, & prendra fes ordres à cet égard.

XIX.

Veut auffi Sa Majefté que les Sergens, Fourriers, Caporaux & Appointés foient choifis à l'avenir, ainfi qu'Elle l'a ordonné par les articles XXXVII, XXXVIII, XXXIX, XL & XLIV de fon ordonnance générale concernant l'Infanterie françoife.

XX.

Les fonctions defdits Sergens, Fourriers, Caporaux & Appointés, feront également réglées par les articles XLI, XLII, XLIII & XLIV de la même ordonnance.

XXI.

Le terme des engagemens fera fixé à l'avenir, à huit ans au lieu de fix. Les Soldats qui deviendront Grenadiers, ou qui monteront aux hautes-payes, ne feront point tenus, comme par le paffé, de fervir trois ans au-delà du terme de leurs engagemens; & le congé abfolu fera régulièrement donné chaque année aux Soldats dont l'engagement fera expiré.

XXII.

LES articles XLVI, XLVII & XLVIII de l'ordonnance du 10 décembre dernier, concernant les congés abfolus donnés aux quatre plus anciens Soldats dont les engagemens font expirés, la récompenfe pour les Soldats qui auront contracté un fecond engagement, & pour ceux qui auront contracté un troifième engagement, feront exécutés dans tout leur contenu.

XXIII.

L'ARRANGEMENT des Officiers, après le doublement des compagnies, fe fera comme dans le refte de l'Infanterie; à l'exception que les Capitaines réformés refteront Capitaines en fecond dans les compagnies & y feront le fervice de Capitaines après les Capitaines en pied; ils auront les appointemens ci-après réglés : ces places de Capitaines en fecond s'éteindront à mefure que ces Officiers monteront aux compagnies, ou qu'ils quitteront.

XXIV.

SA MAJESTÉ ayant confidéré que les Troupes font obligées en temps de guerre de faire plus de dépenfe qu'en temps de paix, & voulant les mettre dans le cas de fupporter ces dépenfes, au moyen des appointemens & de la folde, Elle a réfolu de leur régler une paye de paix & une paye de guerre; & en conféquence, Elle veut que les appointemens & la folde foient payés à fon régiment d'Infanterie;

ſavoir, à chaque Capitaine de Grenadiers, à chaque Lieutenant, à chaque Sous-lieutenant, à chaque Sergent, à chaque Fourrier, à chaque Caporal, à chaque Appointé, à chaque Grenadier & à chaque Tambour, ſuivant qu'il a été réglé par l'ordonnance générale de l'Infanterie françoiſe du 10 décembre dernier; ainſi qu'à chaque Capitaine de Fuſiliers, chaque Lieutenant, chaque Sous-lieutenant, chaque Sergent, chaque Fourrier, chaque Caporal, chaque Appointé, chaque Fuſilier & chaque Tambour.

De plus, il ſera payé ſur le pied par jour,

SAVOIR;

	EN TEMPS DE PAIX.			EN TEMPS DE GUERRE.		
	Par jour.	Par mois.	Par an.	Par jour.	Par mois.	Par an.
A chaque Capitaine en ſecond, trois livres un ſol un denier un tiers en temps de paix, & cinq livres en temps de guerre....	$3^{l}\ 1^{s}\ 1^{d}\frac{1}{3}$	$91^{l}\ 13^{s}\ 4^{d}$	1100^{l}	5^{l} //^{s} //^{d}	150^{l} //^{s} //^{d}	1800^{l}
A l'Enſeigne de la Colonelle, une livre treize ſols quatre deniers en paix, & deux livres quinze ſols ſix deniers deux tiers en guerre...	1. 13. 4	50. // //	600.	2. 15. $6\frac{2}{3}$	83. 6. 8	1000.
ÉTAT-MAJOR.						
Au Colonel-lieutenant, huit livres ſix ſols huit deniers en paix, & dix livres en guerre, indépendamment de ſes appointemens de Capitaine, ci.............	8. 6. 8	250. // //	3000.	10. // //	300. // //	3600.
Au Lieutenant-colonel, indépendamment de ſes appointemens de Capitaine, cinq livres onze ſols un denier un tiers en paix, & huit livres ſix ſols huit deniers en guerre.................	5. 11. $1\frac{1}{3}$	166. 13. 4	2000.	8. 6. 8	250. // //	3000.

	EN TEMPS DE PAIX.			EN TEMPS DE GUERRE.		
	Par jour.	Par mois.	Par an.	Par jour.	Par mois.	Par an.
Au ſecond Lieutenant-colonel, indépendamment de ſes appointemens de Capitaine, cinq livres en paix, & ſept livres quinze ſols ſix deniers deux tiers en guerre...	5^{l} $″^{s}$ $″^{d}$	150^{l} $″^{s}$ $″^{d}$	1800^{l}	7^{l} 15^{s} $6^{d}\frac{2}{3}$	233^{l} 6^{s} 8^{d}	2800^{l}
Au ſieur de Caſaux, Commandant de bataillon, ſix livres dix-huit ſols dix deniers deux tiers en paix, & onze livres deux ſols deux deniers deux tiers en guerre....	6. 18. $10\frac{2}{3}$	208. 6. 8	2500.	11. 2. $2\frac{2}{3}$	333. 6. 8	4000.
Au Major, huit livres ſix ſols huit deniers en paix, & douze livres dix ſols en guerre, ne touchant rien comme Major de brigade..................	8. 6 8	250. ″ ″	3000.	12. 10. ″	375. ″ ″	4500.
Au ſecond Major, ſix livres en paix, & dix livres en guerre...	6. ″ ″	180. ″ ″	2160.	10. ″ ″	300. ″ ″	3600.
A chaque Aide-major avec commiſſion de Capitaine, quatre livres trois ſols quatre deniers en paix, & ſix livres treize ſols quatre deniers en guerre..........	4. 3. 4	125. ″ ″	1500.	6. 13. 4	200. ″ ″	2400.
A chaque Aide-major ſans commiſſion de Capitaine, deux livres dix ſols en paix, & cinq livres en guerre...........	2. 10. ″	75. ″ ″	900.	5. ″ ″	150. ″ ″	1800.
A chaque Sous-aide-major, une livre treize ſols quatre deniers en paix, & trois livres ſix ſols huit deniers en guerre.......	1. 13. 4	50. ″ ″	600.	3. 6. 8	100. ″ ″	1200.
Au Quartier-maître, une livre dix ſols en paix, & deux livres quatre ſols cinq deniers un tiers en guerre................	1. 10. ″	45. ″ ″	540.	2. 4. $5\frac{1}{3}$	66. 13. 4	800.
A chaque Porte-drapeaux, une livre cinq ſols en paix, & une livre treize ſols quatre deniers en guerre.................	1. 5. ″	37. 10. ″	450.	1. 13. 4	50. ″ ″	600.

	EN TEMPS DE PAIX.			EN TEMPS DE GUERRE.		
	Par jour.	Par mois.	Par an.	Par jour.	Par mois.	Par an.
Au Tréſorier, cinq livres onze ſols un denier un tiers en paix, & huit livres ſix ſols huit deniers en guerre.	5l 11f 1d $\frac{1}{3}$	166l 13f 4d	2000l	8l 6f 8d	250l " "	3000l
Au Tambour-major, quatorze ſols en paix, & quatorze ſols en guerre.	" 14. "	21. " "	252.	" 14. "	21. " "	252.
A l'Aumônier, une livre ſept ſols neuf deniers un tiers en paix, & deux livres en guerre.	1. 7. 9$\frac{1}{3}$	41. 13. 4	500.	2. " "	60. " "	720.
Au Chirurgien-major, une liv. ſept ſols neuf deniers un tiers en paix, & deux livres en guerre. .	1. 7. 9$\frac{1}{3}$	41. 13. 4	500.	" 2. "	60. " "	720.
Aux Maîtres attachés au régiment.	. . . .	. . . .	9000.	. . . .	. . . .	9000.

Voulant Sa Majeſté que la paye de guerre ne ſoit donnée à ſon régiment, que du jour de ſon arrivée à l'armée juſqu'à celui de ſon départ de l'armée pour rentrer dans le royaume; & quand il demeurera en garniſon dans le royaume pendant la guerre, il ne touche que la paye réglée pour le temps de paix.

XXV.

L'ARTICLE L de l'ordonnance générale, concernant le linge & la chauſſure, aura également lieu dans le régiment, ainſi que les articles LIX & LX, en ce qui eſt relatif à l'entretien des compagnies & menues réparations, & à la haute-paye donnée aux Tambours pour l'entretien de leurs caiſſes.

XXVI.

LES Capitaines du régiment ſeront à l'avenir déchargés

du ſoin de faire des recrues, hors le cas où ils s'abſenteront par congé; l'intention de Sa Majeſté étant de leur faire fournir toutes celles dont ils auront beſoin, conformément à l'article LV de l'ordonnance générale pour l'Infanterie françoiſe.

XXVII.

LES congés abſolus ſeront accordés d'après les ordres que le Colonel-lieutenant aura pris à cet égard, de Sa Majeſté, & ſeront enſuite expédiés ſelon la forme qui ſera preſcrite pour le reſte de l'Infanterie.

XXVIII.

SA MAJESTÉ fera fournir à l'avenir à ſon régiment, l'armement dont il pourra avoir beſoin.

XXIX.

LES Maſſes ſeront les mêmes que dans le reſte de l'Infanterie, ſuivant l'article LVIII de l'ordonnance générale; & Sa Majeſté continuera d'ajoûter ce qui ſera néceſſaire pour la dépenſe totale de l'habillement de ſon régiment, d'après le compte que le Colonel-lieutenant lui en rendra: & Elle ſe réſerve de donner des ordres ultérieurs pour régler l'uniforme de ſon régiment, en cas qu'Elle juge à propos d'y faire des changemens.

XXX.

SA MAJESTÉ veut bien conſerver les penſions d'ancienneté & les gratifications attachées aux charges qui exiſtent dans ſon régiment.

XXXI.

LES deux Lieutenans-colonels & le Major ayant le brevet de Colonel, du jour qu'ils ſont nommés à ces emplois, en feront le fervice en temps de guerre, comme cela s'eft pratiqué jufqu'à préfent pour le Lieutenant-colonel, les Commandans de bataillon & le Major; & à la prochaine guerre, les Commandans de bataillon que Sa Majefté jugera à propos de nommer de nouveau, le feront également.

XXXII.

VEUT au furplus Sa Majefté que fon régiment d'Infanterie foit affujéti à toutes les règles prefcrites par fon ordonnance du 10 décembre de l'année dernière, concernant l'Infanterie françoife, en tout ce qui ne fera pas contraire à la préfente.

MANDE & ordonne Sa Majefté aux Gouverneurs & Lieutenans généraux dans fes provinces, aux Gouverneurs & Commandans de fes villes & places, au Colonel-lieutenant de fon régiment, aux Intendans dans fes provinces, aux Commiffaires des guerres, & à tous autres fes Officiers qu'il appartiendra, de tenir la main à l'exécution de la préfente ordonnance. FAIT à Verfailles le douze Janvier mil fept cent foixante-trois. *Signé* LOUIS. *Et plus bas,* LE DUC DE CHOISEUL.

A PARIS, DE L'IMPRIMERIE ROYALE. 1763.

www.ingramcontent.com/pod-product-compliance
Lightning Source LLC
LaVergne TN
LVHW010414240826
846091LV00020B/3977